Padre Nuestro

Libro de Colorear para Adultos

El Calmante, Simple para Colorear Palabras del Señor

The Lord's Prayer in Spanish

Adult Colouring Book

The Soothing, Simple to Colour Words of the Lord

ESTHER PINCINI

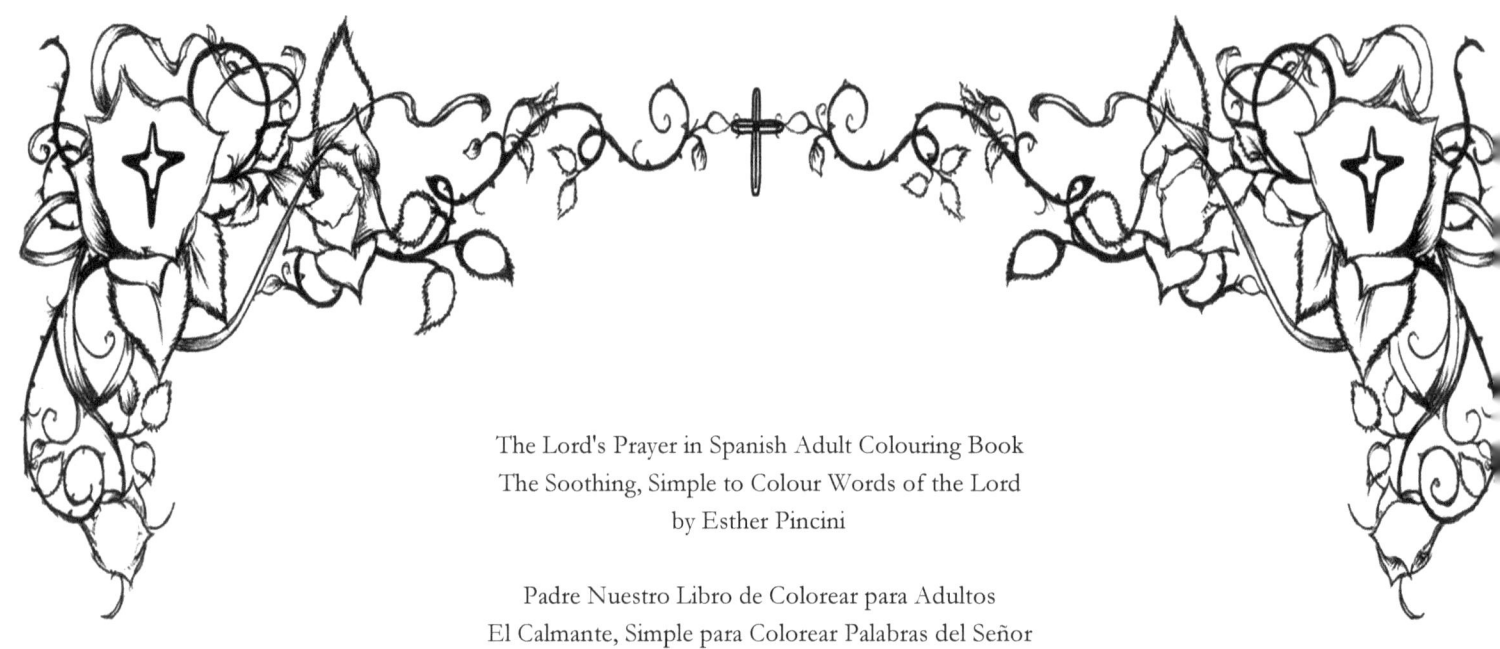

The Lord's Prayer in Spanish Adult Colouring Book
The Soothing, Simple to Colour Words of the Lord
by Esther Pincini

Padre Nuestro Libro de Colorear para Adultos
El Calmante, Simple para Colorear Palabras del Señor
por Esther Pincini

Traditional Prayer 1662
Oración tradicional 1662

Creative Content Copyright © Magdalene Press 2018
Contenido creativo Copyright © Magdalene Press 2018

ISBN 978-1-77335-115-5

No part of this publication may be reproduced, stored in a retrieval system,
or transmitted in any form or by any means, electronic, mechanical, photocopying,
recording or otherwise without written permission of the publisher.

Ninguna parte de esta publicación puede ser reproducida, almacenada en un sistema de
recuperación o transmitida de ninguna forma o por ningún medio, electrónico,
mecánico, fotocopiado, grabado o de otra manera sin el permiso por escrito del editor.

Magdalene Press,
Dorval, Quebec, November 2018
Dorval, Quebec, noviembre de 2018

ESTÁS

TENTACIÓN

www.ingramcontent.com/pod-product-compliance
Lightning Source LLC
Chambersburg PA
CBHW051120110526
44589CB00026B/2988